Ingrid Sauer / Christine Strecker

Mathematik von Anfang an be-greifen

40 handlungsorientierte Montessori-Übungen zur Förderung der Basiskompetenzen in der 1. Klasse

Gedruckt auf umweltbewusst gefertigtem, chlorfrei gebleichtem und alterungsbeständigem Papier.

1. Auflage 2018

Covergestaltung: Zweiband media Agentur für Mediengestaltung und -produktion GmbH, Berlin
Grafik: Eveline Wittek
Satz: Satzpunkt Ursula Ewert GmbH, Bayreuth
Druck und Bindung: Kessler Druck + Medien
ISBN 978-3-403-**08099**-2

www.auer-verlag.de

Inhalt

„Das Material soll nicht Ersatz, sondern Schlüssel zur Welt sein, soll nicht nur Kenntnis der Welt vermitteln, sondern Führer sein für die innere Arbeit des Kindes, für seine Selbstfindung.
Das Kind wird nicht von der Welt isoliert, sondern erhält ein Rüstzeug, die ganze Welt und ihre Kultur zu erobern."

Maria Montessori (1870 – 1952)

Theorie

Sinnesmaterial und Übungen des täglichen Lebens

In den ersten drei Lebensjahren haben die Kinder ohne jegliche Führung und Hilfe von außen eine Vielzahl von zufälligen Eindrücken aufgenommen und absorbiert. Im Alter von ca. drei Jahren tritt das Kind in eine Entwicklungsphase (Warum-Phase) ein, in der es in die Ungeordnetheit von aufgenommenen Informationen Ordnung und Struktur bringen will.

Mithilfe von altersgemäß bereitgestelltem Material aus dem Bereich der Übungen des täglichen Lebens kann es notwendige Tätigkeiten ausführen.
Die Übungen dienen dazu,

- die Koordination der Bewegungen zu vervollkommnen, sie sind so u.a. eine direkte Vorbereitung für das Schreiben,
- die Unabhängigkeit von der Hilfe anderer im Sinne einer Selbstständigkeitserziehung zu erreichen,
- sich in das Gruppenleben einzupassen.

Die Übungen zur Sinneserziehung mit dem bereitgestellten Material (M. Montessori spricht von Entwicklungsmaterial) verfeinern die Sinneswahrnehmung beim Kind. Es erkennt die im Material liegende Ordnung, Abstufungen und Unterschiede. Durch die dargebotenen Wortlektionen kommt es zu einer aktiven Wortschatzerweiterung. Das Kind lernt zu abstrahieren (forschen), sich etwas vorstellen zu können und zu argumentieren (logisch denken).

Mit diesen beiden Bereichen werden für die Mathematik wichtige Grundlagen geschaffen.

„Legt man dem Kind wissenschaftlich festgelegtes Material vor, das ihm auf klare und einleuchtende Art und Weise die Grundlage für vernunftmäßiges Handeln vermittelt, so erleichtert man ihm nicht nur das Erlernen der Arithmetik, sondern auch die Entwicklung einer logischen Tiefe, von der man geglaubt hat, sie sei für Kinder unerreichbar. Die Materialien der Arithmetik sind vergleichbar mit einem Turnplatz der geistigen Ernüchterung."

„Wenn die Kinder sich mit den Materialien beschäftigen, dann entwickeln sie sich auch geistig weiter."

Maria Montessori „Psycho-Arithmetica", 1934

Theorie der Mathematik

Immer wieder ist zu beobachten, dass sich Kinder, etwa im Alter von drei bis sechs Jahren, durch die spielerische Beschäftigung mit den Materialien wichtige Kompetenzen, wie Mengenerfassung oder mathematische Strukturen, aneignen. **Auf diese Basis können sie im späteren Mathematikunterricht der Schule zurückgreifen.**
Maria Montessori räumt der Mathematik auch einen **großen Wert bei der Persönlichkeitsentwicklung** des Kindes ein. Sie misst der Arithmetik eine doppelte Bedeutung zu, als „**Mittel zur geistigen Entwicklung**" **– und als „notwendige Bildungsgrundlage**".

Die Mathematikmaterialien sind so konzipiert, dass zum Beispiel die

- **Maße und Größen** wissenschaftlich **exakt festgelegt** sind,
- **Themen logisch aufeinander aufbauen** und
- **vom konkreten Handeln zum abstrakten Denken führen.**

Nach Maria Montessori baut sich das Wachstum des mathematischen Wissens in drei Stufen auf:

1. **Präsentation der Zahlen von 1 bis 10** (blaurote Stangen, Spindeln und Ziffern und Chips)
2. **Dezimale Organisation und Quantität der Stellenwerte** (Goldenes Perlenmaterial)
3. **Übergang zur autonomen Abstraktion** (Reines Zahlenrechnen)

Um dem Kind den Zugang zur Mathematik zu erleichtern, stellt Montessori auf jeder der drei Stufen die geeigneten Materialien bereit. Es handelt sich hierbei um **Entwicklungsmaterialien**, d.h. das Kind gewinnt selbstständig und im handelnden Umgang Erfahrungen und Einsichten.
Mathematik sieht sie als Mittel, das Kind zum präzisen Denken und Arbeiten zu führen. Maria Montessori spricht von der Existenz des „mathematischen Geistes", der sich beim Kind zeigt, sobald es zu vergleichen, zu ordnen, zu zählen und zu messen beginnt.

1. Übungen des praktischen Lebens und der Sinne

Rosa Turm

Ort:
Klassenzimmer, Teppich

Material:
10 rosafarbene Kuben in drei unterschiedlichen Größen

Schwerpunkte:
- Begriffsbildung „klein“ und „groß“ mit Komparativ und Superlativ
- Bildung von Ordnungsstrukturen
- Visuelle Unterscheidung der drei Dimensionen

Durchführung:
Die Lehrkraft trägt mit dem Kind die 10 Kuben zum Arbeitsteppich und legt sie dort gemischt ab.
Der größte Kubus bildet die Basis. Es wird jeweils der nächstkleinere Kubus herausgesucht und zentrisch auf den größeren gestellt. Die Würfelseiten verlaufen parallel. Der Aufbau wird wiederholt.

Anschließend 3-Stufen-Lektion „groß und klein“ mit Komparativ und Superlativ:
1. Stufe = **Assoziation:** Die Lehrkraft gibt dem Kind den größten Kubus und sagt: „Das ist groß.“ Das Kind wiederholt den Begriff und stellt den Kubus ab. Dann nimmt die Lehrkraft den kleinsten Kubus und sagt: „Das ist klein.“ Das Kind wiederholt.
2. Stufe = **Reproduktion:** Die Lehrkraft überprüft, ob sich das Kind den Begriff gemerkt hat. „Lege den größten Kubus auf den Tisch.“ „Gib mir den kleinsten.“
3. Stufe = **Abstraktion:** Die Lehrkraft zeigt auf einen Kubus und fragt nach dessen Bezeichnung.

Weitere Übungen in Einzelarbeit oder in der Gruppe:
- Der Turm wird auf einem etwas entfernt liegenden Teppich senkrecht aufgebaut.
- Der Turm wird auf einem etwas entfernt liegenden Teppich liegend gebaut.
- Der Turm wird mit den eingeführten Begriffen (Hole den größten/kleineren, kleinsten) gebaut.
- Die Kuben werden bündig nach einer/zwei Seiten übereinandergesetzt.

Ort:
Klassenzimmer, Teppich

Material:
10 braune Prismen, die sich in Breite und Höhe unterscheiden

Schwerpunkte:
- Begriffsbildung „dick", "dünn" mit Komparativ und Superlativ
- Bildung von Ordnungsstrukturen
- Schulung des Sehsinns und des Gewichtssinns
- Visuelle Unterscheidung von zwei Dimensionen

Braune Treppe

Durchführung:
Die Lehrkraft zeigt dem Kind, wie die Prismen mit beiden Händen zum Teppich getragen und dort gemischt abgelegt werden. Das größte Prisma wird herausgesucht und abgelegt. Das nächstkleinere Prisma wird durch Vergleich mit den anderen angelegt, dabei wird auf seitlich bündiges Anlegen geachtet.
Zur Kontrolle wird mit beiden Händen an den Seiten entlanggefahren.
Der Aufbau wird wiederholt. Anschließend 3-Stufen-Lektion „dick und dünn" mit Komparativ und Superlativ.

Notiz: Die Regelmäßigkeit der Stufen wird durch Anlegen des kleinsten Prismas an die entstandenen Stufen gezeigt.

Weitere Übungen für die Einzelarbeit/Gruppenarbeit:
- verschieden große Kugeln über die Stufen rollen lassen
- Kombination mit dem rosa Turm

Bauklötze legen

Ort:
Teppich

Material:
- Bauklötze in verschiedenen Formen und Farben
- Fotoapparat

Schwerpunkte:
- Schulung der optischen Serialität
- Unterscheiden geometrischer Formen und Farben
- Förderung der Merkfähigkeit

Durchführung:
- Die Lehrkraft baut eine Straße aus bunten **Bauklötzen gleicher Form**, **nach einem bestimmten farbigen Muster**, anfangs zweifarbig, z. B. ein blaues und ein rotes Klötzchen abwechselnd. Dreijährige schaffen auch schon Straßen mit mehreren Farben.
- Im nächsten Schritt mehrere Farben nehmen. **Frage:** Wenn zuerst ein grünes, dann ein rotes, ein gelbes und wieder ein grünes Klötzchen kommt, welche Farbe ist als nächste dran?
- Im nächsten Schritt werden bunte **Bauklötze unterschiedlicher Formen** gelegt. **Frage:** Wie geht die Straße weiter?
- Die Kinder entwerfen selbst Muster. Diese werden fotografiert und dienen als Vorlage für die selbstständige Übung.
- Die Formen können benannt und die Namen (Würfel, Quader, Zylinder) mit der **Drei-Stufen-Lektion** eingeübt werden (siehe Karte: Numerische Stangen).

Hinweis: Anzahl der Bauklötze im vorgegebenen Muster erhöhen, um die Schwierigkeit zu steigern

Variation: Musterstraßen mit geometrischen Formen legen, wie Quadrate, Rauten, Dreiecke, Vielecke aus Holz

Fehlerkontrolle: Vergleich mit dem Foto

Perlen fädeln 1

Kombinationsübung Mathematik und Übung des praktischen Lebens

Ort:
Tisch, evtl. auch Teppich

Material:
- Körbchen mit verschiedenen Holzperlen, Filztablett
- dünner Baumwollfaden oder Lederband mit Knoten
- Fotos mit Mustern

Schwerpunkte:
- Schulung der Feinmotorik und Koordination
- Schulung der Serialität
- Unterscheiden geometrischer Formen und Farben
- Förderung der Merkfähigkeit

Durchführung:
Die Lehrkraft wählt ein Foto aus und beginnt mit einfachen Mustern. Die Lehrkraft nimmt die erste Perle und vergleicht diese demonstrativ mit dem Foto. Nun bittet sie das Kind, alle weiteren benötigten Perlen aus dem Körbchen herauszusuchen, zu vergleichen und auf das Filztablett zu legen. Eventuell ist es sinnvoll, noch die Reihenfolge zu überprüfen.
Jetzt wird der Baumwollfaden mit dem Knoten nach links oder rechts (je nach Händigkeit) auf das Tablett gelegt und die Reihe aufgefädelt.

Hinweis: Bei der Verwendung von Lederbändern oder Kunststofffäden wird keine Nadel benötigt.

Variation: Bei motorischen Schwierigkeiten große Perlen auf eine Rundstricknadel fädeln lassen.

Fehlerkontrolle: Die aufgefädelte Kette wird mit dem Foto verglichen.

Weitere Übungen:
Herstellen von Armbändchen oder Ketten mit
- einfarbigen Perlen,
- bestimmten Muster- oder Farbfolgen,
- runden, viereckigen, ovalen Perlen.
- Muster fädeln, die selbst erfunden werden.

Ort:
Tisch

Material:
mehrere Stoffbeutel mit kleineren Gegenständen zum Ertasten

Schwerpunkte:
- Schulung des Tastsinns
- Kategorisierung von Gegenständen
- Wortschatzerweiterung

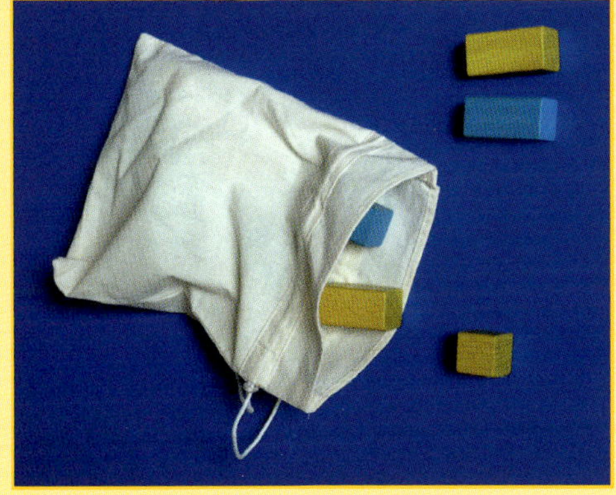

Stereognostischer Beutel

Durchführung:
1. Beutel:
Der Beutel enthält 8 Prismen und 8 Würfel. Die Lehrkraft nimmt die Körper nacheinander aus dem Beutel. Auf einem Tuch werden sie nach ihrer Form sortiert.

Übungen:
- Wiederholen des Sortierens mit geschlossenen Augen
- Im Beutel sind 8 Prismen und 1 Würfel (oder umgekehrt), Kind muss den Körper erfühlen, der nur einmal vorhanden ist.
- Benennung der Form

2. Beutel:
Der Beutel enthält unterschiedliche Knöpfe, jeweils zwei von einer Sorte.
Die Knöpfe werden nacheinander herausgenommen und sortiert.

Übungen:
- Knöpfe mit geschlossenen Augen sortieren
- Von jeder Knopfsorte wird einer herausgenommen; Kind muss zu dem gezeigten Knopf den entsprechenden durch Erfühlen finden.

Notiz: Der Beutelinhalt kann von Zeit zu Zeit ausgetauscht werden.

Weitere Übungen für die Einzelarbeit/Gruppenarbeit:
- Sortieren von Körnern (Hülsenfrüchte, Nüsse, Saatgut) auf einem Teller

Ort:
Tisch, Küche, Küchenecke

Material:
- Dessertlöffel, Kuchengabel, Gabel, Löffel, Messer
- Sortierfach
- Foto oder Musteranordnung

Schwerpunkte:
- Förderung der Raum-Lage-Wahrnehmung
- Unterscheiden von Größe, Form, Länge
- Rechts-links-Orientierung
- Zuordnung und Wortschatzerweiterung

Besteck sortieren

Kombinationsübung Mathematik und Übung des praktischen Lebens

Durchführung:
Das Besteck wird täglich nach den Mahlzeiten gespült. Das saubere und ungeordnete Besteck wird in die vorgesehenen Besteckfächer nach einer vorgegebenen Reihenfolge einsortiert. Diese Tätigkeit kann für das Kind als Übung des praktischen Lebens in den Alltag mit aufgenommen werden.

Wortschatz: Dessertlöffel, Kuchengabel, Gabel, Löffel, Messer

Variation:
- Besteck unterschiedlicher Materialien sortieren (Metall, Kunststoff)
- mit geschlossenen Augen sortieren
- Sortieren von Tellern, Gläsern mit Namensgebung (Suppenteller, Saftglas)

Hinweis: Die Übung ist eine wichtige Vorbereitung für das Verständnis der arithmetischen Grundoperationen. Gegenstände mit gleichem Merkmal werden zusammengefasst und so Zuordnungen erlernt.

Fehlerkontrolle: Vergleichen des Besteckkastens mit der Musteranordnung oder einem Foto

Weitere Übungen: Inhalt einer vollen Einkaufstasche sortieren (Früchte, Gemüse, Milchprodukte)

Stoffe

Ort:
Tisch

Material:
Augenbinde, 2 Schachteln mit Stoffen:
1. Schachtel mit groben Unterschieden
2. Schachtel mit feinen Unterschieden

Schwerpunkte:
- Ausdifferenzierung der taktilen Wahrnehmung
- Namensgebung für Stoffarten
- Informationen über Herstellung und Herkunft

Durchführung:
Vor der Übung werden die Finger gut gewaschen.
Auf einem Tablett liegen drei in ihrer Struktur unterschiedliche und in der Farbe kontrastierende Stoffpaare.
Die Finger werden sensibilisiert, d.h. die Durchblutung der Fingerspitzen wird durch leichtes Reiben auf dem Stoff angeregt. Eine Augenbinde wird angelegt. Das Kind nimmt ein Stoffstück, ertastet es, holt mit der zweiten Hand ein weiteres und vergleicht durch Fühlen. Wenn Stoffpaare nicht zusammenpassen, legt es das zweite Stück links/rechts neben das Tablett und nimmt ein weiteres Stoffteil zum Vergleichen. Zwei gleiche Stoffteile werden übereinandergelegt und hinter dem Tablett abgelegt. Die neben dem Tablett liegenden Stoffe kommen zurück auf das Tablett und das Kind beginnt mit dem nächsten Vergleichsvorgang.
Wenn alle sechs Stoffe gepaart sind, kontrolliert es nochmals mit verbundenen Augen die Zuordnung.

Fehlerkontrolle: Visueller Vergleich durch die verschiedenen Farben der Stoffpaare

Übungen:
- Wiederholung des Paarungsvorgangs
- Mit allen Stoffpaaren arbeiten
- Gleichfarbige Stoffe mit unterschiedlicher Struktur paaren
- Eine Reihenabstufung von grob nach glatt oder umgekehrt bilden
- Verschiedene Stoffarten in der Umgebung suchen
- Fühlstraße basteln und mit den Füßen abgehen

Söckchen aufhängen

Kombinationsübung Mathematik und Übung des praktischen Lebens

Ort:
Tisch, evtl. auch Teppich

Material:
- Körbchen mit verschiedenen Sockenpaaren
- kleiner Wäscheständer
- Klammern

Schwerpunkte:
- Paaren zusammengehöriger Söckchen, 1-zu-1-Zuordnung
- Schulung der Auge-Hand-Koordination
- Schulung der Feinmotorik und Koordination
- Wortschatzerweiterung

Durchführung:
Den Korb mit den Söckchen zum Tisch oder Teppich bringen und auslegen.
Die Unterschiede besprechen und die Eigenschaften herausstellen, z. B. sind die Söckchen geringelt, mit Blumen- oder Automotiven oder einfarbig.
Die Paare zusammenlegen und geordnet auf die Wäscheleine klammern.

Hinweis: Diese Übung zur Zuordnung ist eine wichtige Vorbereitung für das Verständnis von arithmetischen Grundoperationen (Zuordnung von Zahlen zu Mengen).

Variation: Je nach Anforderung, wenige Paare, nur verschiedenfarbige Paare anbieten.

Fehlerkontrolle: Vergleichen der Paare auf der Leine

Weitere Übungen:
Handschuhe, Gläser und Deckel, Schrauben und Muttern paaren

Ort:
Klassenzimmer, Tisch

Material:
Körbchen mit mehreren quadratischen Servietten/Stoffservietten und verschiedenen Kennzeichnungen

Schwerpunkte:
- Verschiedene Faltvorgänge
- Indirekte Vorbereitung auf die Geometrie
- Wortschatzerweiterung: horizontal, vertikal, diagonal – Rechteck, Quadrat, Linie, Ecke

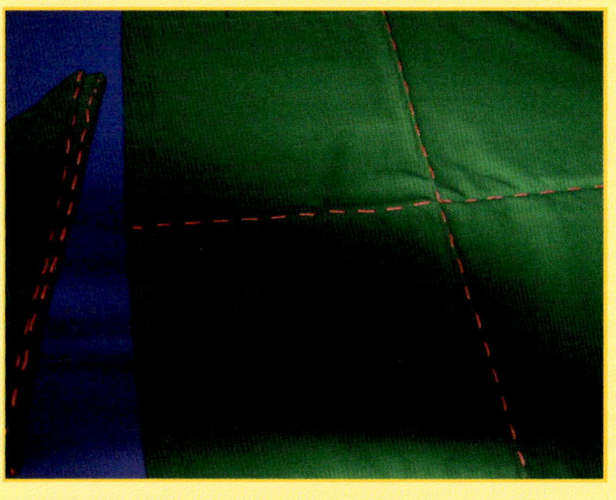

Servietten falten 1

Durchführung:
1. Tuch: horizontale Faltung
Das Tuch wird von der Lehrkraft so auf den Tisch gelegt, dass eine Tuchkante parallel zur unteren Tischkante verläuft. Beide Ecken werden angehoben und auf die oberen Ecken gelegt. Das gefaltete Tuch wird von der Mitte aus wechselseitig zur Seite glatt gestrichen und anschließend an die obere Tischkante gelegt.

2. Tuch: horizontale und vertikale Faltung
Faltung wie bei Tuch 1, dann Drehung im Uhrzeigersinn, die beiden unteren Ecken auf die oberen legen, gefaltetes Tuch ausstreichen und unter Tuch 1 legen.

Hinweis:
- Vor dem Faltvorgang mit dem rechten Zeigefinger über die Markierungslinie fahren.
- Durch den Faltvorgang entstehen neue geometrische Formen.

Übungen:
- Wiederholung der Faltvorgänge
- Geschirrtücher, Taschentücher, Handtücher falten

3. Tuch: diagonale Faltung
Die Lehrkraft legt das Tuch, mit einer Spitze zur unteren Tischkante zeigend, auf den Tisch. Die linke/rechte Handinnenfläche liegt auf dem oberen Tuchdreieck. Mit dem Daumen und Zeigefinger der rechten/linken Hand wird das untere Tuchdreieck auf das obere gelegt und mit der flachen Hand das gefaltete Tuch ausgestrichen. Das gefaltete Tuch an die obere Tischkante legen.

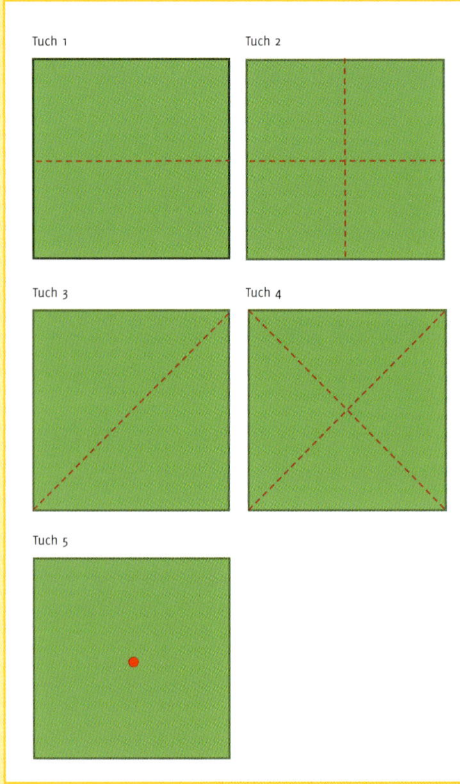

Servietten falten 2

4. Tuch:
Faltung wie bei Tuch 3, dann Drehung im Uhrzeigersinn. Die untere Spitze wird auf die obere Spitze gelegt und das gefaltete Tuch ausgestrichen. Das so gefaltete Tuch wird unter Tuch 3 abgelegt.

Hinweis: Durch den ersten Faltvorgang entsteht ein Dreieck aus dem Quadrat. Bei einer weiteren Faltung wird das Dreieck halbiert.

Übungen:
- Wiederholung des Faltvorgangs
- Faltaufgaben mit Papier

5. Tuch: Faltung zum Mittelpunkt
Das Tuch liegt mit einer Ecke zur unteren Tischkante zeigend auf dem Tisch. Die Spitze der unteren Ecke wird auf den Mittelpunkt des Tuches gelegt und die Faltkante ausgestrichen. Der Zeigefingder der anderen Hand hält die Spitze am Mittelpunkt fest. Das Tuch wird mit der rechten Hand im Uhrzeigersinn gedreht. Der Faltvorgang wiederholt sich, bis alle vier Ecken auf dem Mittelpunkt liegen.

Hinweis: Durch den Faltvorgang entstehen zwei übereinanderliegende gleichgroße Quadrate. Das obere Tuchquadrat besteht aus vier gleichgroßen Dreiecken.

Übungen:
- Wiederholung des Faltvorgangs
- Vorübung zu Faltarbeiten mit Papier

Tisch decken

Kombinationsübung Mathematik und Übung des praktischen Lebens

Ort:
Tisch

Material:
- Tischset, Teller, Glas, Löffel, Messer, Gabel, Dessertlöffel, Kuchengabel
- Serviette und Dekoration
- Foto oder Musteranordnung

Schwerpunkte:
- Förderung der Raum-Lage-Wahrnehmung
- Unterscheiden geometrischer Formen und Farben
- Förderung der Merkfähigkeit
- Wortschatzerweiterung

Durchführung:
Die Lehrkraft deckt ein Musterset, verbalisiert dabei den Handlungsablauf und betont die Begriffe „auf“, „neben“, „rechts davon“:
„Ich stelle den Teller auf das Set, das Messer und den Suppenlöffel lege ich rechts neben den Teller, die Gabel links neben den Teller, den Dessertlöffel und die Kuchengabel oben an den Teller, das Glas oben rechts auf das Set, die Serviette rechts neben den Suppenlöffel, die Dekoration in die Mitte des Tellers.“

Das Set ist rechteckig, die Serviette ist dreieckig gefaltet, das Glas und der Teller sind rund.

Hinweis: Die Raum-Lagewahrnehmung ist eine wichtige Vorbereitung für das Schreiben und Lesen von Zahlen.

Variation: Tisch decken für Frühstück, Mittagessen, Imbiss

Fehlerkontrolle: Vergleichen mit der Musteranordnung oder dem Foto

Ort:
Klassenzimmer, Tisch

Material:
Holzkasten mit Kuben und Quadern für das Quadrat des Binoms (a + b)

Schwerpunkte:
- Kubus richtig zusammensetzen
- Schulung der Abstraktionsfähigkeit und Ausdauer
- Vorbereitung auf die Mathematik

Binomischer Würfel

Durchführung:
Am Tisch wird dem Kind das Öffnen und Schließen des Kastens gezeigt.
Die Lehrkraft weist auf die Abbildung auf dem Deckel und vergleicht sie mit dem Kasteninhalt.
Die Prismen und Kuben werden einzeln herausgenommen und farblich sortiert aufgestellt. Beim Einräumen mit dem roten Kubus beginnen, rote Seiten der Prismen werden dagegen gestellt.
Die Farben dienen als „Wegweiser“ zum Aufbau.
Anschließend 3-Stufen-Lektion „dick und dünn“ mit Komparativ und Superlativ.

Weitere Übungen für die Einzelarbeit:
- Wiederholung des Aufbaus im Kasten
- Freier Aufbau des Binomischen Würfels
- „Zauberei“: horizontale und vertikale Teilung
- Aufbau des Würfels nach Lagen (Lagen nebeneinander aufbauen, anschließend übereinandersetzen)

2. Übungen zur Mengenerfassung und Namengebung

Ort:
Klassenzimmer, Teppich

Material:
10 Stangen in unterschiedlicher Länge, die in rote und blaue Abschnitte eingeteilt sind.
Jede Stange repräsentiert eine Zahl.

Schwerpunkte:
- Erwerb der Zahlenbegriffe 1 – 10
- Zählen von 1 – 10
- Visueller und muskulärer Sinneseindruck der Zahl

Numerische Stangen 1

Durchführung:
Die Stangen liegen ungeordnet auf dem Teppich. Wenn Vorerfahrungen mit den roten Stangen vorhanden sind, ordnet das Kind die Stangen nach ihrer Größe.

1. Stufe der 3-Stufen-Lektion:
Die Lehrkraft nimmt die erste Stange, legt sie vor das Kind, berührt sie mit der Hand und sagt: „Eins“. Sie legt die zweite Stange hin, berührt nacheinander die Abschnitte und sagt: „Zwei“. Genauso verfährt sie mit der dritten Stange.

2. Stufe der 3-Stufen-Lektion:
Die Lehrkraft bittet das Kind, ihr die „Stange Zwei“ zu geben, ihr die „Drei“ zu zeigen und die „Eins“ unter die „Zwei“ zu legen.

3. Stufe der 3-Stufen-Lektion:
Die Lehrkraft gibt dem Kind eine Stange, lässt die Abschnitte zählen und benennen.
So werden alle Stangen nacheinander eingeführt. Bevor das Material zurück an seinen Platz gelegt wird, soll wieder eine Ordnung in der Reihenfolge entstanden sein.

Hinweis: Die Benennung der Stangen muss nicht an einem Tag erfolgen.

Ort:
Klassenzimmer, Teppich

Material:
10 Stangen in unterschiedlicher Länge, die in rote und blaue Abschnitte eingeteilt sind.
Jede Stange repräsentiert eine Zahl.

Schwerpunkte:
- Erwerb der Zahlenbegriffe 1–10
- Zählen von 1–10
- Visueller und muskulärer Sinneseindruck der Zahl

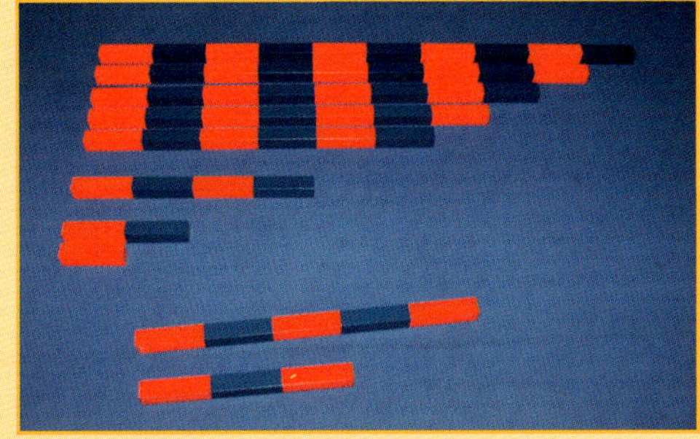

Numerische Stangen 2

Weitere Übungen:
- Aus den gemischten Stangen eine Stange herausgreifen und zählen
- „Gib mir die Stange, die danach/davor kommt."

Hinweis: Das Nachprüfen soll durch Zählen erfolgen.

- Zähle nur die roten/blauen Abschnitte.
- Eine Stange wird ausgewählt. Nachfolgende Stangen auf diese Länge ergänzen.
- Das Kind soll eine Stange heraussuchen, die um 1 kürzer / 1 weniger ist.
- Das Kind soll die Stange heraussuchen, die um 1 länger / 1 mehr ist.

Hinweis: Indirekte Vorbereitung auf die Addition und Subtraktion.
Das Kind lernt die Begriffe „mehr" und „weniger".

Weitere Übungsmöglichkeiten in der Gruppe:
- Jedes Kind bekommt eine Stange und stellt sich der Wertigkeit entsprechend in die Reihe von 1 bis 10.
- Alle Stäbe sind verteilt. Die Kinder suchen ihren „Vorgänger"/„Nachfolger".
- Jedes Kind hält eine Stange in der Hand. Für jeden Abschnitt macht es einen Schritt und zählt dabei laut. Es wird immer bis zu der Zahl gezählt, welche der Stab darstellt.
- Es wird rückwärts gezählt.
- Die Kinder teilen sich in zwei Gruppen: je nach blauem oder rotem Stangenende.

Hinweis: Indirekte Vorbereitung auf gerade und ungerade Zahlen

Sandpapierziffern

Ort:
Tisch

Material:
Kästchen mit Holztäfelchen, auf denen die Ziffern von 0 – 9 aus Sandpapier stehen

Schwerpunkte:
- Kennenlernen der Ziffern
- Verbindung von Namen und Symbol
- Vorübung des Schreibens der Ziffern von 0 – 9

Durchführung:
Beim Arbeiten mit dem Tastsinn werden die Fingerspitzen der Schreibhand vor der Übung sensibilisiert.

1. Stufe der 3-Stufen-Lektion:
Die Lehrkraft fragt das Kind nach seinem Alter und holt die entsprechende Ziffernkarte heraus. Mit dem Mittel- und Zeigefinger fährt sie die Sandpapierziffer entlang und benennt sie anschließend. Das Kind wiederholt diesen Vorgang.
Zwei weitere Zahlenkarten werden aus dem Kästchen genommen, erfühlt und benannt.

Hinweis: Die beiden Ziffern sollten sich stark in der Form von der ersten unterscheiden. Die Merkfähigkeit wird dadurch erhöht.

2. Stufe der 3-Stufen-Lektion:
„Zeige mir die Zwei."
„Wo liegt die Fünf?"
„Lege die Zwei neben die Fünf."

3. Stufe der 3-Stufen-Lektion:
Die Lehrkraft zeigt auf eine Ziffer und fragt: „Wie heißt diese Zahl?"

Numerische Stangen und Ziffern

Ort:
Teppich

Material:
- Numerische Stangen
- Satz Zahlenkarten von 1 – 10

Schwerpunkte:
- Menge und Ziffer werden miteinander verbunden
- Festigung der Reihenfolge von 1 – 10

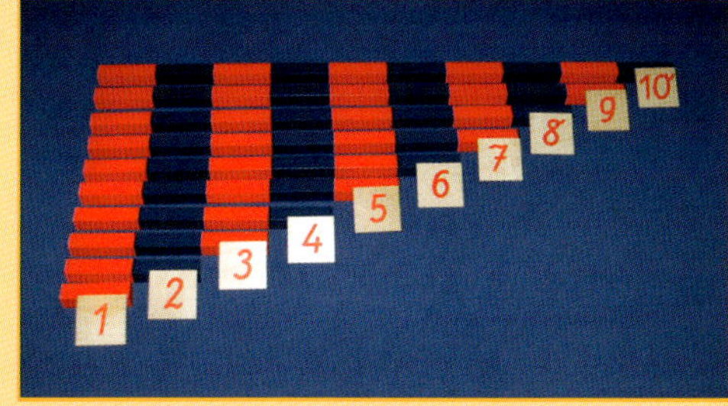

Durchführung:
Die Stangen werden in der richtigen Reihenfolge auf den Teppich gelegt.
Die Lehrkraft legt die Zahlenkarten gemischt daneben. Sie berührt und benennt die erste Stange. Anschließend legt sie die Karte mit der 1 dazu.
Sie führt die Übung fort, bis alle Zahlen an den entsprechenden Stangen liegen.
Sie lässt die Übung vom Kind wiederholen.

Fehlerkontrolle: Die Ziffer wird gelesen, und anschließend zählt man jeden Abschnitt der entsprechenden Stange.

Weitere Übungen:
- Die Ziffern liegen untereinander geordnet. Die entsprechende Stange wird danebengelegt.
- Den ungeordneten Ziffern wird die entsprechende Stange zugeordnet.
- Alle Stangen liegen ungeordnet auf dem Teppich. Das Kind ordnet die Ziffern 1 – 9 bzw. die Zahl 10 zu.
- Alle Stangen sind im Raum verteilt. Das Kind nimmt ein Zahlenkärtchen und sucht die entsprechende Stange.

Hinweis: Die Zahlenreihe wird das erste Mal sichtbar.

Spindeln

Ort:
Tisch, evtl. auch Teppich

Material:
- 2 Holzkästen, die in 5 Fächer unterteilt sind
- 1 Kasten mit 45 Spindeln und 9 Bändern

Schwerpunkte:
- Zählen und Gruppieren getrennter Einheiten
- Zuordnung von Ziffer und Menge
- Erfahrung mit dem Zahlbegriff Null
- Festigung der Zahlenfolge von 0 bis 9
- Visueller und muskulärer Sinneseindruck der Zahl

Durchführung:
Das Kind liest die Ziffern in den Holzkästen. Die Lehrkraft nimmt eine Spindel, legt sie in das Fach mit der 1 und sagt: „Eins“. Sie holt nacheinander zwei Spindeln aus dem Kasten, zählt dabei, legt sie zusammen in das Fach unter der 2 und sagt: „Zwei“. Sie fährt fort, bis alle Spindeln verteilt sind. Anschließend nimmt sie die Bündel aus dem jeweiligen Fach, bindet ein Band darum und legt sie zurück ins entsprechende Fach.
Nun bittet sie das Kind, die Bündel nacheinander einzeln herauszunehmen, sie zu öffnen, die Spindeln nachzuzählen und zurück in den Kasten zu legen.

Übungen:
- Wiederholung
- Einordnen der Spindeln in beliebiger Reihenfolge
- Ziffern mit einem Tuch abdecken – das Kind zählt Spindeln in die Kästen.

Fehlerkontrolle: Es darf keine Spindel übrig sein.

Hinweis: Das Kind macht die Erfahrung, dass sich die Zahl als eine Einheit darstellt, die aus Einzelelementen besteht. Es spürt das Gewicht und die Masse.

Ziffern und Chips 1

Ort:
Tisch, evtl. auch Teppich

Material:
- ausgesägte Zahlen von 1 – 10
- 55 Chips in einer Farbe

Schwerpunkte:
- Festigung der Zahlenfolge
- Zuordnung der richtigen Menge an Chips
- Erfahrung zu „geraden“ und „ungeraden“ Zahlen

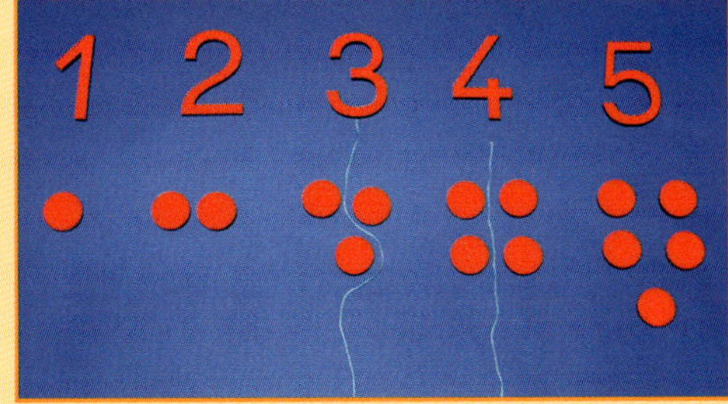

Durchführung:
Die Lehrkraft mischt die Ziffern und bittet das Kind, sie in der richtigen Reihenfolge nebeneinander auszulegen.
Beim Auslegen der Chips bei 1 beginnen:
Die Lehrkraft zählt einen Chip in die Hand und legt ihn unter die Eins.
Anschließend werden zwei Chips in die Hand gezählt und nebeneinander unter die Zwei gelegt. Dieser Vorgang wiederholt sich bis zur Zehn.

Hinweis: Bei ungeraden Zahlen wird der Chip unter das letzte Chip-Paar gelegt.

Den Abschluss der Übung bildet das Durchzählen. Dabei wird mit einem Stift senkrecht durch die liegenden Chips gefahren. Der mittig liegende Chip weist auf eine ungerade Zahl hin. Zur Verdeutlichung können bei den ungeraden Zahlen die Ziffern nach oben geschoben werden.

Fehlerkontrolle: Kein Chip bleibt übrig.

Übungen:
- Wiederholungen
- Verteilen der Chips einer Zahl an teilnehmende Kinder. Sie erfahren, dass nicht jeder gleich viele erhält.

Ort:
Tisch, evtl. auch Teppich

Material:
- Ziffernbilder
- Fühlkarten
- Muscheln
- Steine
- Holzfiguren
- Münzen

Schwerpunkte:
- Festigung des Ziffernbildes
- Zuordnung von Mengen zum Ziffernbild
- Erfahrung der Mengenkonstanz

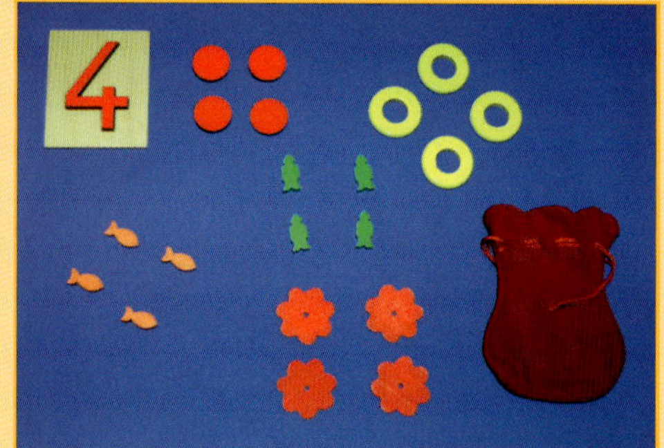

Ziffern und Chips 2 – Gleich viel

Durchführung:
Die Lehrkraft mischt die Fühlkarten mit den Mengenbildern und bittet das Kind, eine Karte zu ziehen, die Anzahl zu erfühlen und zu nennen. Nun legt es die gleiche Anzahl mit Muscheln, Steinen, Holzfiguren oder Münzen nach.
Bei Partnerarbeit die Anzahl in die Hand zählen lassen und dann erst legen.

Hinweis: Das Kind erfährt dabei, dass eine Menge unabhängig von ihrer Anordnung und ihren Bestandteilen gleich bleibt.

Variation: Ziffernheftchen herstellen, z. B. zur Zahl 4: Auf jeder Seite die Menge „Vier" darstellen, z. B. durch Punkte, Sticker oder Fingerabdrücke.

Fehlerkontrolle: Vergleichen mit dem Ziffernbild, Abzählen

Ziffern in den Sand schreiben

Ort:
Tisch, Teppich

Material:
- Kästchen mit feinem Sand
- Holzstäbchen
- Kärtchen mit den Zahlenbildern (Zahlen und Chips), Ziffern auf der Rückseite zur Kontrolle
- Spachtel zum Sand glätten
- Unterlage (Tablett)

Schwerpunkte:
- Erfassen der Zahlenmenge
- Übung des Schreibens der Ziffern von 0 – 9
- Verbindung von Namen und Symbol

Durchführung:
Das Tablett mit den Materialien zum Tisch oder Teppich bringen. Die Kärtchen mit den abgebildeten Punkten nach oben neben das Sandkästchen legen. Die Punkte abzählen und die Zahl benennen. Nun wird die Ziffer in den Sand geschrieben und mit der Selbstkontrolle auf der Rückseite der Karte verglichen.
Für die nächste Schreibübung wird der Sand mit dem Spachtel geglättet.

Auf gleiche Weise wird mit allen Karten verfahren.

Variationen: Einem Partner die Ziffern oder Punkte auf den Rücken schreiben und benennen lassen.

Fehlerkontrolle: Selbstkontrolle auf der Rückseite der Punktekarten

Ziffern prickeln und sticken

Ort:
Tisch, evtl. auch Teppich

Material:
- Ziffernvorlagen
- Filzunterlage
- Prickelnadel
- Nähnadel mit großem Öhr
- grünes Stickgarn

Schwerpunkte:
- Festigung der Ziffernform
- Schulung der Feinmotorik und Konzentration

Durchführung:
Das Kind legt die ausgewählte Ziffernkarte auf die Filzunterlage und sticht mit der Prickelnadel in die markierten Löcher. Es fädelt einen grünen Faden in die Sticknadel und stickt im einfachen oder doppelten Vorstich die Ziffer aus.
So kann es sich alle Ziffern von 0 bis 9 sticken.

Die umstickte Ziffer wird innerhalb der Sticklinie grün ausgemalt.

Übungen:
- Das Kind fühlt die gestickten Ziffern innerhalb der Sticklinien.
- Das Kind legt die Zahlenkarten aus und holt entsprechende Mengen dazu.
- Das Kind fühlt mit verbundenen Augen die Zahl auf der Karte und benennt sie.
- Im Stuhlkreis werden die Kärtchen verteilt. Auf ein akustisches Signal stellen sich alle in der richtigen Reihenfolge auf.

Mengenkarten zu Ziffern prickeln und sticken

Ort:
Tisch, evtl. auch Teppich

Material:
- Mengenkartenvorlagen
- Filzunterlage
- Prickelnadel
- Nähnadel mit großem Öhr
- rotes Stickgarn
- roter Buntstift

Schwerpunkte:
- Festigung der Mengenvorstellung einer Zahl
- Schulung der Feinmotorik und Konzentration

Durchführung:
Das Kind legt die ausgewählte Mengenkarte auf die Filzunterlage und sticht mit der Prickelnadel in die markierten Löcher. Anschließend fädelt es einen roten Faden in die Sticknadel und stickt im einfachen oder doppelten Vorstich die Mengensechsecke aus.
So stickt es alle Sechsecke der Mengenkarten von 1 bis 9.
Die umstickten Sechsecke werden innerhalb der Sticklinie rot ausgemalt.

Übungen:
- Das Kind fühlt die gestickten Sechsecke und benennt die Anzahl.

Weitere Übungen mit Mengen- und Zahlenkarten:
- Das Kind legt die Mengenkarten aus und holt die entsprechende Zahlenkarte dazu.
- Das Kind paart mit verbundenen Augen die zusammengehörenden Zahlen- und Mengenkarten.
- Im Stuhlkreis werden die Zahlen und Mengenkärtchen verteilt. Das Kind mit einer Mengenkarte zählt die Anzahl der Sechsecke, klatscht die Anzahl mit den Händen und legt die Karte auf dem Teppich ab. Das Kind mit der entsprechenden Zahlenkarte steht auf und legt sie daneben.

Zahlenschlange

Ort:
Tisch, evtl. auch Teppich

Material:
- Schachtel mit Zahlenkarten von 0 – 10
- 55 Holzperlen
- eine Schnur, ca. 1 m lang

Schwerpunkte:
- Festigung der Zahlenfolge
- Umsetzen einer Zahl als Anzahl von Elementen einer Menge

Durchführung:
Das eine Ende der Schnur hat einen dicken Knoten. Das erste Zahlenkärtchen mit der Zahl 0 wird auf die Schnur gefädelt und keine Perle kommt dazu. Anschließend wird das Kärtchen mit der 1 auf das Band gefädelt. Eine Perle wird aus der Schachtel gezählt und ebenfalls aufgefädelt.
Es folgen die weiteren Zahlenkarten mit den entsprechenden Perlenmengen. So bildet das Kind eine Zahlenkette von 0 bis 10.

Fehlerkontrolle: Es bleibt keine Perle übrig.

Übungen:
- Wiederholung des Auffädelvorgangs
- Das Kind zieht ein Zahlenkärtchen und fädelt die entsprechende Perlenmenge auf.

Zahlengedächtnisspiel

Ort:
Tisch, evtl. auch Teppich

Material:
- Schachtel mit Zahlenkarten von 0 – 10
- 55 Muggelsteine
- kleine Körbchen

Schwerpunkte:
- Festigung der Zahlenfolge
- Darstellung einer Zahl als Anzahl von Elementen einer Menge

Durchführung:
Auf einem Tisch steht ein Schälchen mit Muggelsteinen, Knöpfen o. Ä.. Die Kinder sitzen im Kreis auf dem Teppich. Der Reihe nach ziehen sie ein zusammengeklapptes Zahlenkärtchen und legen es verdeckt vor sich auf den Teppich. Der Reihe nach gehen sie zum Tisch und zählen die entsprechende Menge von Muggelsteinen in das Körbchen. Anschließend leeren sie es an ihrem Platz aus und geben den Korb an das nächste Kind. Alle Kinder holen in dieser Weise ihre Menge.
Anschließend deckt jedes Kind seine Zahl auf und zählt die geholte Menge.
Das Kind mit der Zahl 0 ist ebenfalls zum Tisch gegangen und hat „nichts" geholt. Es kann nichts zählen und hält die Zahl 0 hoch.

Fehlerkontrolle: Die Anzahl der geholten Muggelsteine muss mit der Zahl auf dem Kärtchen übereinstimmen.

Übungen:
- Wiederholung des Holvorgangs
- Die Kinder sammeln andere Gegenstände entsprechend der gezogenen Zahl im Raum.
- Die Kinder hüpfen oder klatschen entsprechend der gezogenen Zahl.

Würfelbilder

Ort:
Tisch, Teppich

Material:
Holzwürfel mit fühlbaren Mengenbildern (mit Polsternägeln selbst gefertigt)

Schwerpunkte:
- Festigung des Ziffernbildes und der simultanen Mengenerkennung
- Zuordnung von Mengen zum Ziffernbild

Durchführung:
Den meisten Kindern ist der Würfel mit seinen Mengenbildern von 1–6 bekannt. Die Würfelbilder am Würfel werden deshalb genau betrachtet und gegebenenfalls die Mengen benannt. Sind diese Mengenbilder gefestigt, wird mit dem erweiterten Würfel fortgefahren.

Übungen:
- Mit Knöpfen, Münzen oder den roten Chips (siehe Ziffern und Chips 1, S. 25) werden die Mengenbilder nachgelegt, die Zahl genannt und die Ziffern zugeordnet.
- Der Würfel befindet sich unter einem Tuch, das Kind versucht die Mengen zu fühlen.
- Reihum würfeln, das Kind mit der höchsten Augenzahl bekommt einen Punkt.
- Auf einem Spielplan wandern Spielfiguren je nach Augenzahl weiter.

Variation: Mengenbilder mit Reimen kombinieren (Quelle: Kieler Zahlenaufbau von Ch. Rosenkranz)[1]:
- z. B.: „Sechserstraße unten zu, fertig ist das Siebener-U“
- Beispiel die Acht: „Siebener-U oben zu gemacht, fertig ist das Quadrat der Acht“.

Fehlerkontrolle: Vergleichen mit dem Ziffernbild, Abzählen

[1] Vergleiche Kiele Zahlenbilder, Christel Rosenkranz

Ort:
Tisch, evtl. auch Teppich

Material:
- verschiedenfarbige Perlen
- Nylonband (dehnbar)
- Schere

Schwerpunkte:
- Schulung der Feinmotorik und Koordination
- Schulung der Serialität
- Auffädeln nach System
- Förderung der Merkfähigkeit

Perlen fädeln 2

Kombinationsübung Mathematik und Übung des praktischen Lebens

Durchführung:
Es werden verschiedenfarbige Perlenmengen angeboten. Das Kind entscheidet sich für drei Farben und die Menge, die es abwechselnd auffädeln möchte. Das Kind schneidet sich ein entsprechend langes Stück Fädelschnur ab und knüpft an einem Ende einen Knoten (mithilfe der Lehrkraft). Nun fädelt das Kind die Perlen auf, zum Beispiel fünf rosa, fünf türkise und fünf rote Perlen im Wechsel.
Beim Auffädeln kann laut mitgezählt werden. Ist die passende Länge erreicht, wird das Band zugeknotet.

Hinweis: Das Auffädeln führt zum ordinalen (immer eins mehr) und zum kardinalen (so viele) Vorstellungsvermögen der Zahl. Auch in der arithmetischen Operation muss eine Reihenfolge eingehalten werden.

Variation: Bei motorischen Schwierigkeiten die Größe der Perlen variieren.

Fehlerkontrolle: Durch Abzählen oder durch optische Überprüfung der Längen der Farbenfolge.

Übungen:
- Weitere Armbänder oder Ketten mit frei gewählten Muster- oder Farbfolgen erfinden.

Ziffernheft 1 – Mengen stempeln

Ort:
Tisch

Material:
- Ziffernheft – selbst hergestellt mit 5 A5-Blättern, gefaltet und geheftet
- Stempelkissen und Stempel
- Würfel

Schwerpunkte:
- Festigung des Mengenbildes 1–10
- Zuordnung von Mengen zum Ziffernbild
- Zahlenbegriff und Rechnen bis 10

Durchführung:
Bei den meisten Kindern lässt sich beobachten, dass sie den Würfel anhand verschiedener Brettspiele kennengelernt haben. Die Mengenbilder am Würfel werden deshalb genau betrachtet und gegebenenfalls die Augenzahl benannt. Mit Knöpfen, Münzen oder den roten Chips (siehe Ziffern und Chips 1, S. 25) werden die Mengen nachgelegt. Nun dürfen im Ziffernheft die Mengen der Reihe nach gestempelt werden.

Hinweis: Das Mengenbild dient dem Erlernen und der Automatisierung, Mengen simultan zu erfassen (nicht zählend). Für die Sieben, Acht, Neun und Zehn einigt man sich auf neue Bilder (siehe Karte Würfelbilder).

Variation: Mengenbilder mit Reimen kombinieren (Quelle: Kieler Zahlenaufbau von Ch. Rosenkranz). Zum Beispiel der Dreier: „Eins, zwei, drei, Ausfahrt frei" (Schranke geht auf).
Vierer: „In allen vier Ecken soll einer drin stecken".
Weitere Ziffernheftchen herstellen, z. B. zur Zahl 4: Auf jeder Seite die Anzahl von vier Elementen einer Menge darstellen, z. B. durch Punkte, Sticker oder Fingerabdrücke.

Fehlerkontrolle: Vergleichen mit dem Würfelbild, Abzählen.

Ort:
Tisch, Teppich

Material:
- Ziffern oder Zahlenkarten von Eins bis Zehn
- Miniaturgegenstände
- „Geheimnisvoller Beutel“

Schwerpunkte:
- Festigung des Ziffernbildes
- Zuordnung von Mengenbildern aus dem Alltag zur Ziffer
- Bilden von „Eselsbrücken“

Zahlen von 1–10 im Alltag

Durchführung:
Die Lehrkraft und eine Gruppe von zwei bis drei Kindern sitzen im Kreis auf dem Teppich. Die Zahlen von Eins bis Zehn werden auf dem Arbeitsteppich in aufsteigender Reihenfolge (ziffernweise) ausgelegt. In einem „geheimnisvollen Beutel“ befinden sich verschiedene Miniaturen, wie z. B. ein Einhorn, eine Spielfigur, ein drei-armiger Kerzenleuchter, eine Katze, ein Handschuh, ein Würfel mit abgeklebten Seiten (mit sichtbarer Sechs), ein Zwerg. Jedes Kind greift der Reihe nach hinein und ordnet den Gegenstand der passenden Ziffer zu. Dabei kann es zu einem Gespräch über die Zuordnung kommen.

Beispiele:
Eins: ein Rüssel, Einhorn, eine Sonne, ein Kopf, ein Mund, eine Nase
Zwei: das Fahrrad und der Roller haben zwei Räder, der Mensch hat zwei Ohren, zwei Beine, der Kippschalter geht ein und aus – zwei Möglichkeiten.
Drei: Der Kerzenleuchter hat drei Arme (Kerzenhalterungen), die Ampel hat drei Lichter, das Dreirad hat drei Räder.
Vier: Die Katze und der Stuhl haben vier Beine. Das Auto hat vier Räder.
Fünf: Die Hand hat fünf Finger, der Fuß hat fünf Zehen.
Sechs: Höchste Zahl beim Würfeln. In einen kleinen Eierkarton passen sechs Eier.
Sieben: Schneewittchen und die sieben Zwerge.
Acht: zwei Stühle (mit insgesamt acht Stuhlbeinen)
Neun: neun Kegel
Zehn: Der Mensch hat zehn Finger, zwei Hände.

Variation: Die Ziffern liegen gemischt. Es können auch Bildkarten erstellt und zugeordnet werden.
Fehlerkontrolle: Kontrollmöglichkeit auf der Unterseite der Bildkarten

3. Übungen zur Zahlenzerlegung bis 10

Ort:
Tisch, evtl. auch Teppich

Material:
- Kästchen mit farbigen Perlenstangen von 1–9
- Kunststoffreiter
- Filzunterlage

Schwerpunkte:
- Einüben des Zählens
- Einprägen und Festigen der Zahlenfolge
- Simultanes Erfassen von Mengen

Bunte Perlentreppe

Durchführung:
Die Lehrkraft nimmt die rote Einerperle aus dem Kästchen und sagt: „Eins!", legt sie auf die Filzunterlage, holt eine weiter bunte Perlenstange heraus und beginnt, die Perlen einzeln mit dem Reiterchen zu zählen.

Hinweis: Beim Zählen wird die Stange mit der linken Hand am Draht festgehalten. Es wird immer von links nach rechts vorgezählt.

Das Kind holt nun weitere Perlenstangen heraus und zählt die einzelnen Perlen, dabei wird jede einzelne Perle mit dem Reiterchen berührt. Die gezählten Perlenstangen werden ihrer Länge nach sortiert.

Fehlerkontrolle: Es entsteht ein gleichseitiges Perlenstangendreieck.

Übungen:
- Wiederholungen
- Es wird der Vorgänger/Nachfolger einer Perlenstange gesucht. Verbindung von Perlenstange und Zahlzeichen wird hergestellt.
- Ratespiel: „Welche Stange ist braun?", „Welche Farbe hat die Sieben? …"

Numerische Stangen – Zahlenzerlegung

Ort:
Klassenzimmer, Teppich

Material:
10 Stangen in unterschiedlicher Länge, die in rote und blaue Abschnitte eingeteilt sind.
Jede Stange repräsentiert eine Zahl.

Schwerpunkte:
- Zahlenzerlegung von 1 – 10
- Vorübung zur Addition bis 10
- Vorübung zur simultanen Mengenerfassung

Durchführung:
Die Stangen liegen ungeordnet auf dem Teppich. Das Kind ordnet die Stangen ihrer Größe nach. Die Lehrkraft gibt dem Kind eine Stange, lässt die Abschnitte zählen und benennen. Die Stange wird auf den Teppich gelegt. Die Lehrkraft nimmt eine kürzere Stange, legt sie darunter, zählt die Abschnitte und ergänzt die Länge mit einer weiteren Stange, sodass die gleiche Länge entsteht.
Die Lehrkraft nimmt eine weitere kürze Stange, legt sie an und lässt vom Kind ein fehlendes Teilstück ergänzen. Alle möglichen Kombinationen werden so angelegt.

Übungen:
- Wiederholung
- Alle Längen werden auf ihre Zerlegbarkeit untersucht.
- Es werden die Ziffernkärtchen an die ausgelegten Stangen gelegt.

Ort:
Tisch

Material:
- 10 Finger
- Stift
- Rechenrahmen

Schwerpunkte:
- Einüben des Zählens
- Einprägen und Festigen der Zahlenfolge
- Simultanes Erfassen von Mengen

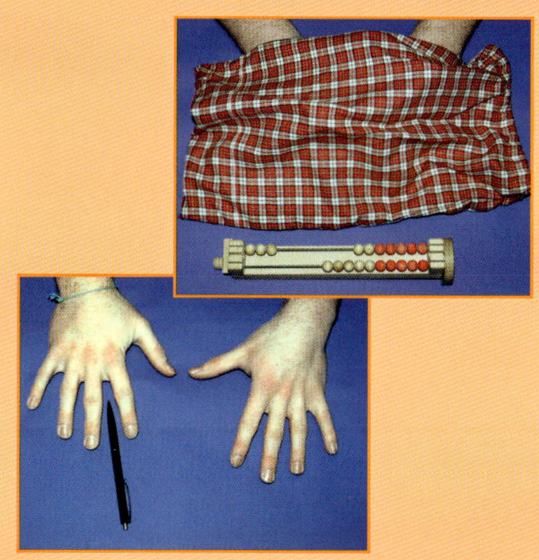

Dicke Freunde – Hände

Durchführung:
Das Kind legt seine Hände auf den Tisch, die Daumen zeigen nach innen. Mit einem Stift gliedert die Lehrkraft die zehn Finger in zwei Mengen. Das Kind nennt die Zahlenpaare. Die Übung wird so lange wiederholt (z. B. auch mithilfe von Partnerübungen), bis das Kind die Paare ganz schnell und ohne zu zählen nennen kann. Die Wiederholung kann an aufeinanderfolgenden Tagen stattfinden. Die beiden Summanden werden in Leserichtung von links nach rechts benannt.

Sind die Kinder mit dieser Art der Aufgabenstellung vertraut, kann mit der allmählichen Ablösung von konkreten Handlungen an den Händen begonnen werden. So wird im nächsten Schritt die Zahlzerlegung nicht mehr mit einem Stift angezeigt, sondern die Lehrkraft sagt die erste Zahl, das Kind die Ergänzung bis 10. Die Hände bleiben auf dem Tisch liegen. Auch solche Übungen bieten sich für Partnerübungen an.[2]

Variation: Die Hände werden mit einem Tuch bedeckt, die Zehnerzerlegung wird am Rechenrahmen angezeigt und das Kind nennt die Partnerzahlen. Die Hände sind dabei unter dem Tuch nicht sichtbar!

Hinweis: Das Abspeichern und Automatisieren der Ergänzungen bis 10 sind Grundlage für das weitere Rechnen. Die Anzahl 10 = 5 plus 5 Finger der Hände ist nachvollziehbar.

---

2 Vergleiche Wilhelm Schipper, Kiel, August 2005

Ort:
Tisch, evtl. auch Teppich

Material:
- Kopien von roten Herzen
- Kleiner Rechenrahmen
- Numerische Stangen (Karte S. 37)

Schwerpunkte:
- Zahlenzerlegung der Zahl 10
- Simultanes Erfassen durch Zahlenbilder
- Schnelles Sehen am Rechenrahmen oder an der Rechenkette

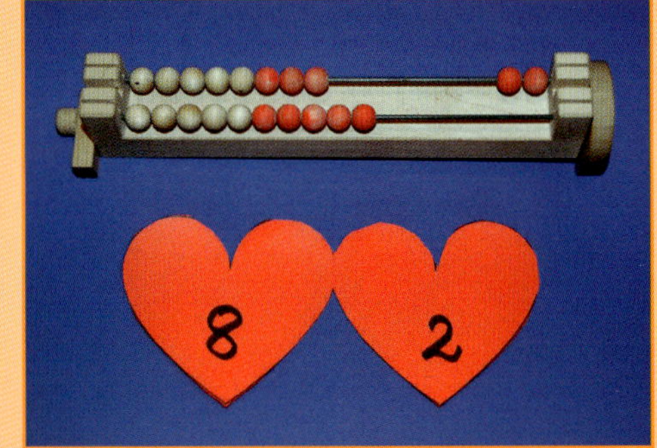

Dicke Freunde – Zahlenzerlegung 1

Durchführung:
Vorschlag: Die Lehrkraft beginnt ein Gespräch über Freundschaft, Freunde, Lebenssituationen, in denen Freunde wichtig sind, in denen man Freunde braucht.
So ähnlich ist es auch bei den Zahlen. Zwei kleine Zahlen brauchen sich, um eine größere zu bilden, z. B. 2 + 8 = 10.

Die Ergänzungen bis 10 werden mit den numerischen Stangen oder am kleinen Rechenrahmen dargestellt. In Übereinstimmung mit den Fingern sind die zehn Perlen auf der Kette in einer 5er-Struktur dargestellt. Der Rechenrahmen dient als Kontrollinstrument.

Nun werden die „dicken Freunde“ als Doppelherzen eingeführt, die zusammen immer 10 ergeben. Die Herzen bestehen aus Papier, das Kind kann sie aufklappen und wieder schließen. Es wird ein ganzer Satz von „dicken Freunden“ hergestellt. Dabei wird die größere der beiden Partnerzahlen auf der linken Seite dargestellt (9 + 1, 8 + 2, 7 + 3, 6 + 4). Am kleinen Rechenrahmen oder an den numerischen Stangen wird kontrolliert, wer mit wem „befreundet“ ist. Natürlich ist die Freundschaft gegenseitig.

Hinweis: Das Abspeichern der Ergänzungen bis 10 ist eine Grundlage für das weitere Rechnen. Die Anzahl 10 (Finger) ist gleich 5 plus 5 (Finger der Hände) ist nachvollziehbar.

Dicke Freunde – Zahlenzerlegung 2

Variation: Die Mengen werden mit Stempeln auf die Herzen gedruckt, es werden Figuren ausgestanzt und geklebt, Mengenbilder gezeichnet, Reime dazu eingeübt.

Fehlerkontrolle: Durch Vergleichen mit dem kleinen Rechenrahmen oder den numerischen Stangen.

Reime zu den Partnerzahlen als Merkhilfe:
Zur **Neun** gehört die Eins, sie fahren heut nach Mainz!
Zur **Acht** gehört die Zwei, da ist ja nichts dabei!
Zur **Sieben** gehört die Drei, das ist ja Zauberei!
Zur **Sechs** gehört die Vier, hurra, ich bin schon hier!
Zur **Fünf** gehört die Fünf, sie haben keine Strümpf`!
Zur **Vier** gehört die Sechs, die möchte einen Keks!
Zur **Drei** gehört die Sieben, die wär gern noch geblieben!
Zur **Zwei** gehört die Acht, das hab ich mir gedacht!
Zur **Eins** gehört die Neun, sie sitzen in der Scheun`!

Ort:
Teppich

Material:
- Zoo-Spieltiere
- Futterpäckchen (rote Chips oder selbst gebundene kleine Heuballen)
- Aufgabenkarten

Schwerpunkte:
- Handlungsorientiertes Rechnen im Zahlenraum bis 10

Tierfütterung 1

Durchführung:
Die Lehrkraft und eine Gruppe von 2–3 Kindern sitzen im Kreis auf dem Teppich. In einem „geheimnisvollen Beutel“ befinden sich verschiedene Zootiere, so z. B. Bären, Zebra, Löwenjunges, …. Jeder darf der Reihe nach in den Beutel greifen und ein Zootier herausholen. Dabei kann es zu einer kleinen Unterhaltung über die Tiere kommen.

Beispiel: Hast du dieses Tier schon im Zoo gesehen? Kennst du den Namen? Ist es gefährlich?
Die Tiere im Zoo suchen sich ihr Futter nicht selbst, sie werden von den Tierwärtern gefüttert.
Wir spielen heute Tierfütterung im Zoo und verteilen die Futterpäckchen und beobachten. Wir laden 10 Futterpäckchen in einen Korb (in die Schubkarre, …)

Beispiele:
\+ Das Löwenjunge bekommt zwei Futterpäckchen und dann noch eines dazu. Wie viele hat es bekommen?
– Das Zebra bekommt sechs Futterpäckchen und frisst gleich vier davon auf. Wie viele bleiben übrig?
· Das Zebra, der Bär und der Affe bekommen je zwei Futterpäckchen. Wie viele Päckchen werden für alle drei gebraucht?
: Wir haben zehn Futterpäckchen für die hungrigen Bären und verteilen sie gerecht.

Tierfütterung 2

Hinweis: Übungen zunächst nur zu + (Plus) und – (Minus) wählen, später · (Mal) und : (Ge- bzw. Verteilt). Übungen individuell auswählen.

Variation:

- Anstelle von Futterpäckchen: Heuballen, Zuckerstückchen, Fleischstückchen einsetzen.
- Karten mit Sachaufgaben dazu gestalten: Tierbild – Text – entsprechende Aufgabe.

Fehlerkontrolle: Auf der Rückseite der Aufgabenkarte, durch die Lehrkraft.

Beispiel für Aufgabenkarten

Vorderseite

Der Elefant bekommt 3 Futterpäckchen und dann noch 2 dazu. Wie viele hat er bekommen?

3 + 2 =

Rückseite

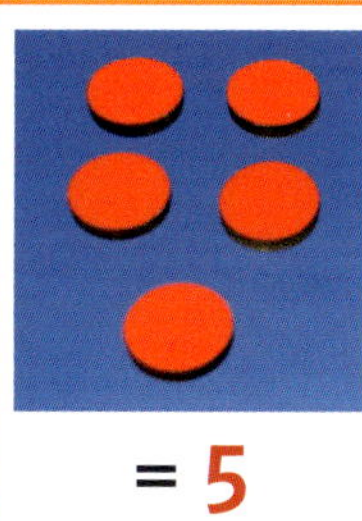

= 5

Vorderseite

Das Zebra bekommt 6 Futterpäckchen und frisst gleich 4 davon auf. Wie viele bleiben übrig?

6 – 4 =

Rückseite

= 2

Ort:
Tisch, Teppich

Material:

- Bus: leere Eierschachtel mit Balkenkreuz
- Spielfiguren oder rote Plastikeier, die mit einem Gesicht bemalt wurden
- Aufgabenkärtchen

Schwerpunkte:

- sinnvolles Gliedern von Zahlenmengen bis 10
- Zahlzerlegung
- Einprägen von Mengenbildern
- Rechnen im Zahlenbereich bis 10

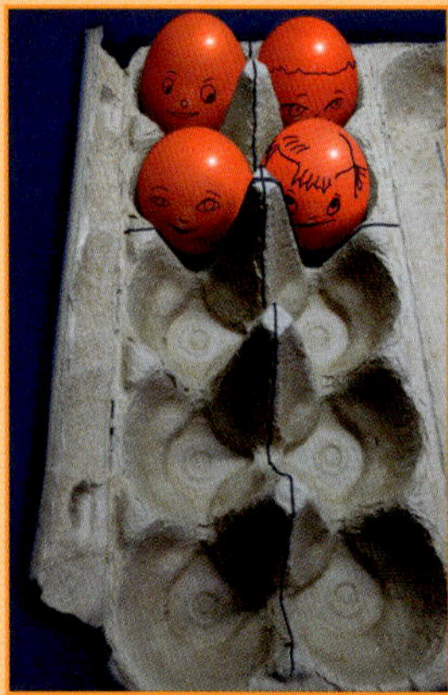

Bus-Spiel

Durchführung:
Vorschlag: Material zusammen mit den Kindern herstellen. Für den Bus wird ein Eierkarton farbig bemalt. Im Bus sind 10 „Sitzplätze". Mit einem dicken Farbstift werden diese „Sitzplätze" noch gegliedert, sodass ein Balkenkreuz entsteht, welches die Plätze in 2 × 2 und 2 × 3 Plätze einteilt.
10 Spielfiguren steigen nun aus und ein. Durch den Hinweis, die Figuren möchten gerne zusammen im Bus sein, wird erreicht, dass sie geordnet sitzen.
Durch die vorgegebene Gliederung werden die Kinder mit der Zeit veranlasst, ihre Figuren simultan zu setzen. Vier im Quadrat nach vorne, fünf (als die Hälfte von 10) auf die linke oder rechte Seite, sechs als 2 × 3 nach hinten.

Anweisungen können lauten:

- An der Haltestelle steigen drei Männchen ein, dann nochmal drei. Welches sind die besten Plätze, wenn sie zusammensitzen wollen?
- An der Haltestelle steigen vier Männchen ein, dann noch drei. Wie viele Männchen sitzen im Bus?
- Wie viele Plätze sind noch frei?

Hinweis: Der Zahlenraum lässt sich leicht auf 20 (2 Busse) erweitern!

Variation: Ergänzung mit Aufgabenkärtchen

Fehlerkontrolle: Durch Abzählen

Nüsse verpacken

Ort:
Tisch, Teppich, Kaufladen

Material:
- Korb mit Nüssen
- Organzasäckchen
- Karten mit Mengenbildern von 1–9 (siehe Ziffern und Chips)
- Ziffern von 1–9

Schwerpunkte:
- Sichern des Mengenbegriffes
- Bündelungen
- Zuordnung Menge – Zahl
- Zuordnung Menge – Mengenbild

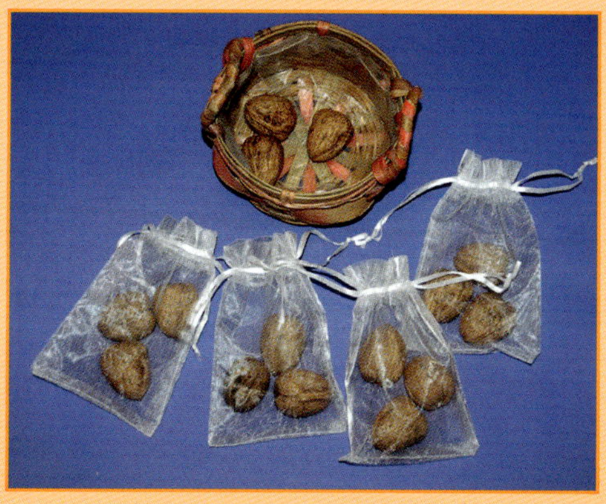

Durchführung:
Die Kinder füllen für den Kaufladen Nüsse in Säckchen. Entsprechend der Anzahl auf der Ziffernkarte werden die Nüsse in die Säckchen hineingezählt. Die Säckchen werden entsprechend der Anzahl geordnet.

Hinweis: Anstelle von Nüssen andere gleichartige Gegenstände, z. B. Zitronen aus Holz, aus dem Kaufladen benutzen.

Variation:
- Zahlen von 1 bis 9 trommeln oder klopfen, entsprechendes Säckchen heraussuchen lassen.
- Joghurtgläser mit Schraubdeckel, auf denen die Ziffern von 1 bis 9 stehen, werden gefüllt.

Fehlerkontrolle: Vergleichen mit dem Ziffernbild, Abzählen

Ort:
Teppich

Material:
- Korb mit 10 grünen Samtsäckchen, die mit roten Holzherzen gefüllt sind, Menge 1 – 10
- Kontrollkarten
- Zahlen von 0 – 10

Schwerpunkte:
- Förderung der taktilen Wahrnehmung (Mengen fühlen)
- Mengen vergleichen („mehr“, „weniger“, „am wenigsten“, „am meisten“)
- Ordnen der Mengen
- Zuordnen Menge – Zahl

Fühlsäckchen

mehr, weniger, am wenigsten, am meisten

Durchführung:
Die Lehrkraft holt den Korb mit den Säckchen und den Zahlen zum Teppich und legt sie in einer Reihe aus.
Nun werden immer zwei Säckchen genommen, befühlt und verglichen. In welchem sind mehr/weniger Teile enthalten? Das Säckchen, das weniger Teile enthält, kommt auf die linke Seite. Durch Wiederholen des Vorgangs entsteht nach und nach eine Ordnung.
Nun werden alle Säckchen geöffnet, die Herzen entsprechend der Zahlenbilder der roten Chips gelegt und die Ziffern zugeordnet. Wo liegt das Säckchen mit den wenigsten Herzen, wo das mit den meisten?

Hinweis: Mit dieser Übung lernt das Kind das Vergleichen, Unterscheiden, Zuordnen, Schätzen und Zählen und schult damit mathematische Vorkenntnisse zu Mengen, Zahlbegriff, Relation, Logik.

Variation: Anzahl der Säckchen verringern, mit wenigen beginnen

Fehlerkontrolle: Säckchen öffnen, Herzen legen, abzählen, mit den Kontrollkarten vergleichen

Zahlenzerlegung mit der Schüttelbox

Ort:
Tisch, evtl. auch Teppich

Material:
- Schüttelbox oder Rechenbaum
- Schachtel oder Holzbox mit Mittelsteg
- Filzkugeln oder Kugeln aus Alufolie
- Stift und Kopiervorlage

Schwerpunkte:
- Zahlenzerlegung der Zahl 10
- Simultanes Erfassen durch Zahlenbilder

Durchführung:
Mit der Schüttelbox oder dem Rechenbaum (Bezugsquelle siehe Internet) können die Kinder eigenständig die Zahlenzerlegung üben und haben eine Kontrollmöglichkeit. Durch das **Schütteln der Schüttelbox**, die mit einer Trennwand versehen ist, verteilen sich die 10 Perlen zufällig auf diese beiden Kammern. Es ergeben sich dadurch Kombinationen der Zahlenpaare, die 10 ergeben. Durch die Möglichkeit des Abzählens der Perlen können sich die Kinder sehr einfach selbst kontrollieren. Nachdem erste Erfahrungen mit der Schüttelbox gesammelt wurden, bietet es sich an, eine Kammer mit einem Etikett abzukleben. Jetzt wird die Partnerzahl aus dem Gedächtnis heraus genannt.

Hinweis: Je nach individueller Anforderung ist es zum Beispiel sinnvoll, mit der Zahlzerlegung von kleineren Mengen (z.B. 5) zu beginnen.

Variation: Ganz leicht kann ein Zahlenzerlegungsspiel auch selbst zusammen mit den Kindern hergestellt werden.

1. Man benötigt dazu eine leere Streichholzschachtel mit Mittelsteg und 10 Erbsen oder Holzkugeln.
2. Alternativ werden Kugeln aus Filz oder 10 Alufolienquadrate geformt. Diese werden nacheinander in eine Holzbox mit Mittelsteg geworfen. Nun werden die Zahlenpaare genannt.

Fehlerkontrolle: Vergleichen mit dem kleinen Rechenrahmen oder der 10er-Kette

4. Übungen zur Zahlenraumerweiterung

Goldenes Perlenmaterial
Einführung 1

Ort:
Tisch, Teppich

Material:
- Tablett mit einer Einerperle, einer Zehnerstange, einem Zehnerquadrat, einem Würfel
- Filzunterlage

Schwerpunkte:
- Begriffsgebung: Einer, Zehner, Hunderter, Tausender
- Mengenvergleich

Durchführung:
1. Stufe der 3-Stufen-Lektion:
Das Tablett steht so vor dem Kind, dass die Einerperle auf der rechten Seite liegt. Die Lehrkraft gibt dem Kind die Einerperle in die geöffnete Hand und sagt: „Das ist ein Einer." Das Kind wiederholt.
Die Perle wird rechts auf die Filzunterlage gelegt.
Die Lehrkraft legt die Zehnerstange vor das Kind und lässt die Perlen zählen. Nach dem Zählen sagt sie: „Das ist ein Zehner." Nun wird dieser links neben die Einer abgelegt.
Sie nimmt das Zehnerquadrat, legt es in die Hand des Kindes und benennt es: „Das ist ein Hunderter." Das Kind wiederholt den Begriff. Die Lehrkraft untersucht das Quadrat mit dem Kind. Das Zehnerquadrat wird links neben die Zehnerstange gelegt.
Die Lehrkraft nimmt den Kubus in die Hand und benennt ihn: „Das ist ein Tausender." Das Kind wiederholt. Der Kubus liegt links vom Quadrat.

Hinweis: Eindrucksvoll für die Kinder ist das Halten des Kubus in der einen und der Einerperle in der anderen Hand. Der Mengenunterschied ist deutlich spürbar.

2. Stufe der 3-Stufen-Lektion schließt sich an:
„Zeige mir …"; „Gib mir …"; „Hole den …"; „Bringe auf den Tisch …"

3. Stufe der 3-Stufen-Lektion:
„Was ist das?"; „Was ist jenes?"; „Kennst du das …?"

Goldenes Perlenmaterial Einführung 2

Ort:
Tisch, Teppich

Material:
- Tablett mit einer Einerperle, einer Zehnerstange, einem Zehnerquadrat, einem Würfel
- Filzunterlage

Schwerpunkte:
- Begriffsgebung: Einer, Zehner, Hunderter, Tausender
- Mengenvergleich

Übungen:
- Auf einem großen Tablett liegen jeweils 9 Einer, Zehner, Hunderter und ein Tausender. Das Tablett wird vom Kind auf einem Teppich abgestellt. Dort nimmt die Lehrkraft aus den verschiedenen Kategorien nacheinander Mengen. Das Kind zählt die jeweilige Perlenmenge und legt sie auf einen anderen Teppich, dabei wird jedes Teil einzeln bewegt. Es bemerkt bald, dass es nur 9 Teile von jeder Kategorie gibt.
- Die Lehrkraft gibt dem Kind eine bestimmte Menge aus einer Kategorie und lässt die Elemente der Menge zählen und benennen.

Ziel/Zweck:
- sensorische Erfahrung der Perlenqualität
- Verbindung von Menge und Begriff bei den jeweiligen Kategorien
- direkte Erfahrung des Mengenunterschieds

Ort:
Tisch, Teppich

Material:
Tablett mit
- einem Kubus
- 10 Zehnerquadraten
- 10 Zehnerstangen
- 10 Einerperlen

Schwerpunkte:
- Besonderheit der Zehn im Dezimalsystem
- Wechsel in nächsthöhere Kategorie

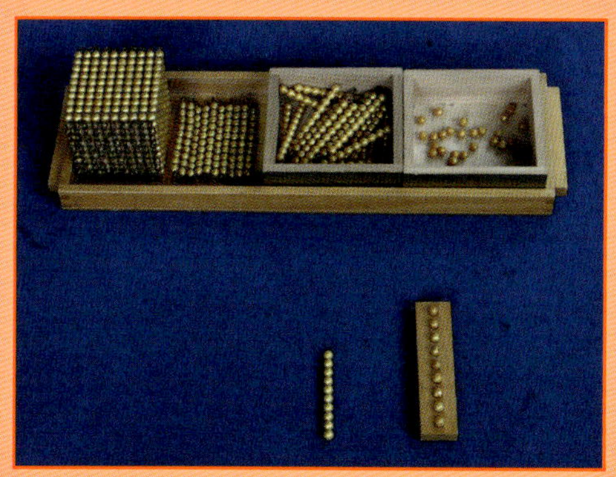

Goldenes Perlenmaterial

Einführung in die dezimale Beziehung

Durchführung:
Die Lehrkraft legt eine Einerperle, dann eine Zehnerstange auf den Tisch.
Das Kind zählt durch Anlegen der Einerperle die Anzahl der Perlen bei der Zehnerstange.
„Ein Zehner hat 10 Einer!“

Die Lehrkraft nimmt ein Zehnerquadrat und lässt mit den Zehnerstäbchen die Anzahl feststellen: „Ein Hunderter hat 10 Zehner.“
Ebenso verfährt die Lehrkraft mit dem Tausender. Die Anzahl der Zehnerquadrate wird durch Übereinanderlegen von 10 Hundertern festgestellt.
„Ein Tausender hat 10 Hunderter.“

Hinweis: Hier erfährt das Kind die besondere Rolle der Zahl 10 im Dezimalsystem.

Ort:
Teppich

Material:
1 Kästchen mit den Zahlenkarten von 1–9 in Grün, 10–90 in Blau, 100–900 in Rot, 1000 bis 9 000 in Grün

Schwerpunkte:

- Einführung der Symbolfarben für Einer, Zehner, Hunderter, Tausender
- Kennenlernen der geschriebenen Zahlensymbole
- Unterscheiden der verschiedenen Kategorien

Goldenes Perlenmaterial

Zahlenkarten 1

Durchführung 1:
Die Zahlenkarten sind so im Kästchen angeordnet, dass die längeren Tausenderkarten unten, darauf rechtsbündig die Hunderterkarten, die Zehnerkarten und die Einerkarten liegen.

1. Stufe der 3-Stufen-Lektion:
Die Lehrkraft nimmt die Karten 1, 10, 100, 1000 aus dem Kästchen und legt sie so vor das Kind, dass sich die Einerkarte rechts und die Tausenderkarte links befindet. Dem Kind werden die Namen der Kategorien gegeben: „Das ist der Einer. Das ist der Zehner mit einer Null. Das ist der Hunderter mit zwei Nullen. Das ist der Tausender mit drei Nullen.“ Das Kind wiederholt die Begriffe.

Wichtig ist das gemeinsame Zählen der Nullen, damit das Kind die verschiedenen Kategorien gleich erkennt und sich merkt.

2. Stufe der 3-Stufen-Lektion schließt sich an:
„Zeige mir den Zehner.“
„Gib mir die Zahl mit den zwei Nullen.“
„Wo liegt der Tausender? …“

3. Stufe der 3-Stufen-Lektion:
„Was ist das?“
„Wie heißt diese Zahl?“
„Kennst du jene …?“

Goldenes Perlenmaterial

Zahlenkarten 2

Durchführung 2:
Ist das Kind sicher im Erkennen und Benennen der Zahlen, wird mit dem ganzen Kartensatz gearbeitet.

1. Stufe der 3-Stufen-Lektion:
Die Lehrkraft nimmt die Einerzahlenkarten aus dem Kästchen und legt sie untereinander in der richtigen Reihenfolge aus. Dabei benennt sie während des Auslegens mit dem Kind zusammen jede Zahl mit ihrem Kategorienamen: „Ein Einer, zwei Einer, drei Einer, … ." Anschließend werden die Zahlenkarten noch einmal gemischt, vom Kind ausgelegt und benannt.
Hinweis: Sollte das Kind die Begriffe Eins, Zwei, Drei … verwenden, so wird diese Bezeichnung ohne Kommentar akzeptiert.

Anschließend werden in gleicher Weise die „Zehnerkarten" ausgelegt und bearbeitet: „Ein Zehner, zwei Zehner, drei Zehner …".
Auch diese Karten werden nochmals gemischt und neu ausgelegt.
Der gleiche Vorgang wiederholt sich mit den „Hunderter-" und „Tausenderkarten".
Hinweis: Wenn der ganze Kartensatz auf dem Teppich liegt, dann hat das Kind alle Karten von 1 bis 9 000 gelesen (insgesamt 36 Karten).

2. Stufe der 3-Stufen-Lektion: „Gib mir bitte drei Tausender."; „Hole dir zwei Zehner und lege sie …"; „Nimm dir fünf Einer und lege sie zurück … ."

3. Stufe der 3-Stufen-Lektion: „Welche Karte halte ich in der Hand?"; „Was ist das für eine …?"

Übung:
- Karten einer Kategorie werden in beliebiger Reihenfolge herausgenommen und auf einem anderen Teppich wieder ausgelegt.
- Der gesamte Kartensatz wird so auf einen anderen Teppich gelegt.

Ort:
Teppich

Material:
- Großer Kartensatz
- pro Kind ein Tablett
- Goldenes Perlenmaterial – je 45 Einer, Zehner, Hunderter und Tausender

Schwerpunkte:
- Zuordnung von Perlenmenge und Zahlsymbol
- Festigung des Dezimalsystems

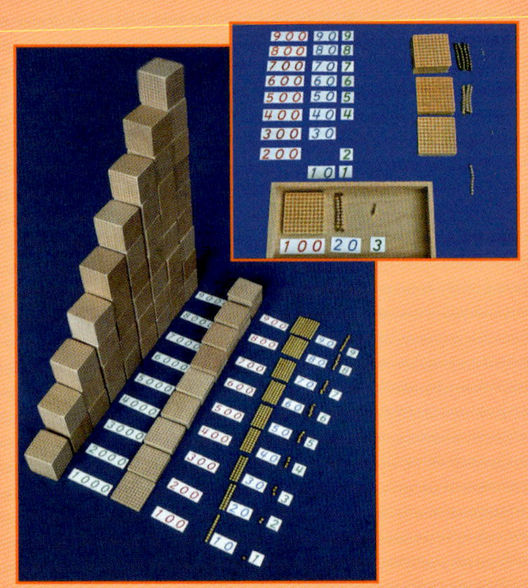

Goldenes Perlenmaterial

Verbindung Quantität und Symbol

Durchführung:
Die Zahlenkarten und Perlen werden getrennt voneinander auf je einem Teppich in ihrer Stellenwertordnung ausgelegt.
Die Lehrkraft legt eine Zahlenkarte auf das leere Tablett und lässt entsprechende Perlen von dem Kind holen. Gemeinsam überprüfen sie die Übereinstimmung von Zahl und Menge. Das Kind räumt die Perlen und die Zahlenkarte zurück.
Nach einigen Aufgaben können mehrere Karten aus verschiedenen Kategorien auf das Tablett gelegt werden. Das Kind holt die Perlenmenge und überprüft gemeinsam mit der Lehrkraft die Übereinstimmung.

Hinweis: Die Zahlen müssen vom Kind ausgesprochen werden. Bei Zahlen, welche die Ziffer Null enthalten, wird deutlich, dass die entsprechende Kategorie keine Perlen enthält.

Übungen:
- häufig wiederholen
- Umkehrung: Die Lehrkraft legt Perlen auf das Tablett.
- Eine beliebige Perlenmenge liegt auf dem Tablett. Das Kind zählt die Menge und holt die entsprechenden Zahlen.
- Der Kartensatz wird ausgelegt, mit ca. 15 cm Platz zwischen den einzelnen Kategorien. Rechts neben den Zahlen ordnet das Kind die entsprechende Perlenmenge an.

Hinweis: Bei dieser Übung erhält das Kind einen Gesamtüberblick über den Aufbau des Dezimalsystems.

Goldenes Perlenmaterial

Umtauschen von Perlenmengen

Ort:
Teppich, Tisch

Material:
leeres Tablett, Goldenes Perlenmaterial, großer Kartensatz

Schwerpunkte:
- Wechsel in nächsthöhere Kategorie
- Bestimmen von Perlenmengen und Legen als Zahl

Duchführung:
Der große Kartensatz wird vom Kind auf einem Teppich ausgelegt. Die Lehrkraft bittet das Kind, eine größere Menge an Goldenen Einerperlen auf das leere Tablett zu legen. Es soll herausfinden, wie viele Perlen auf dem Tablett liegen. Zehn Einerperlen werden in eine Zehnerstange umgetauscht. Das Umtauschen und Zählen erfolgt so lange, bis alle Perlen gezählt sind. Das Kind zählt die übrig gebliebenen Einerperlen und legt die entsprechende Zahlenkarte dazu. Anschließend zählt es die Zehnerstangen und holt die passende Zahlenkarte. Die Karten werden übereinandergelegt und gelesen.
Bevor das Kind mit einer neuen Menge beginnt, legt es Perlen und Karten zurück.

Übungen:
- Wiederholen mit nur Einerperlen
- Das Bestimmen von Perlenmengen wird mit allen Kategorien durchgeführt.

Hinweis: Es bleibt freigestellt, bei welcher Kategorie das Kind mit dem Zählen und Umtauschen beginnt. Es soll selbstständig darauf kommen, dass es vorteilhaft ist, mit der kleinsten Kategorie zu beginnen.

Literaturliste

Maria Montessori: Die Entdeckung des Kindes
Hrsg. von P. Oswald, G. Schulz Benesch,
Herder Verlag 1980, 6. Auflage

Maria Montessori: Psychoarithmetika
Deutsche Erstausgabe, 1. Teil hrsg. von Harold Baumann
Edition paeda media 1989, 1. Auflage

H. Besuden, Rechnen mit Eierkartons, Grundschule 5/2003

Kieler Zahlenbilder, Christel Rosenkranz
Wilhelm Schipper, Kiel, August 2005